LE
BARBIER DE BAGDAD

OU
LE FILS DU CALIFE

OPÉRA-COMIQUE EN DEUX ACTES

Paroles de M. CARLIER aîné, musique de M. Joseph CRISPIN

Représenté à Dunkerque, le 16 Novembre 1829

Par la troupe de M. Delorme, directeur du 1er arrondissement théâtral

DUNKERQUE

TYPOGRAPHIE DE VANDEREST

Place Napoléon, 2.

—

1854

LE BARBIER DE BAGDAD

ou

LE FILS DU CALIFE.

LE
BARBIER DE BAGDAD

OU

LE FILS DU CALIFE

OPÉRA-COMIQUE EN DEUX ACTES

Paroles de M. Carlier aîné, musique de M. Joseph Crispin

Représenté à Dunkerque, le 16 Novembre 1829

sur le théâtre de M. Delorme, directeur du 1er arrondissement théâtral

DUNKERQUE

TYPOGRAPHIE DE VANDEREST

1854

LE BARBIER DE BAGDAD

O U

LE FILS DU CALIFE.

Paris, 19 Avril 1854.

A M. Vanderest, directeur-gérant du journal l'Autorité, à Dunkerque.

Vous avez la bonté de me demander si je ne pourrais pas fournir quelque fragment littéraire au feuilleton de votre journal. Mon bagage est bien mince, en œuvres de ce genre; et puis, qui se souviendra encore d'un feuilletoniste dunkerquois absent du pays depuis plus de dix ans?

Pourtant, vous m'invitez avec tant de bonne grâce que

_je me risque. Vos lecteurs trouveront peut-être piquant que je leur donne une pièce de théâtre, jouée, il y a vingt-cinq ans, dans notre ancienne salle de la place Calonne. Ce sera de l'histoire, en même temps que de la littérature pour Dunkerque.

En initiant le public à la circonstance fortuite qui, en dehors de toute prétention littéraire, vient mettre au jour, après vingt-cinq années d'oubli volontaire, une pièce que son auteur ne croit pas assurément digne de cet honneur, nous avons l'espoir que le hasard d'une telle destinée inspirera quelque sympathie pour tant d'œuvres méritantes que la timidité, l'inexpérience arrêtent souvent sur le seuil de l'avenir, et dont les auteurs, se frappant le front, se disent : « J'ai pourtant là quelque chose ! » Nous avons la confiance que ce sujet triste portera le public à des dispositions encourageantes pour les débutants dans la carrière des lettres. Quel mal y aurait-il qu'il payât vingt rapsodies, avant de rencontrer une page de quelque valeur ? La postérité ne fait-elle pas le tri du grand inventaire que lui lègue la littérature courante ? Et n'aurait-elle pas profit à choisir parmi un plus grand nombre d'œuvres et de noms, condamnés trop souvent sans avoir été entendus ?

A part cela, profitons du hasard qui met au jour, en 1854, le *Barbier de Bagdad,* joué à Dunkerque, en 1829; profitons-en pour raconter les singulières vicissitudes qui présidèrent à l'enfantement de cette œuvre lyrique, et pour dire comment elle se lie en même temps à la pé-

riode d'un certain mouvement littéraire local, et presque
par un fil au grand mouvement de la littérature du 18e
siècle.

Après vingt-cinq années de guerre et de politique peu
récréatives, Dunkerque, se réveillant aux lueurs de la
Restauration, se résolut tout d'abord à reconquérir son
ancienne célébrité maritime. Les premiers soins donnés
au commerce, à la pêche, quelques enfants du pays s'avi-
sèrent que ces éléments d'une honorable prospérité n'é-
taient point absolument incompatibles avec la culture des
lettres. Des essais furent tentés; faibles, incomplets, ils
éveillèrent néanmoins les esprits. On en trouve les traces
dans les recueils du *Petit couvert de Momus,* de l'*Abeille
du Nord,* de la *Gazette de Dunkerque,* qui parurent de
1818 à 1824. C'est à partir de là que la presse prit à
Dunkerque un essor tel que, d'une petite *Feuille d'Annonces* in-8°, qui la résumait toute en 1814, elle s'élevait,
vers 1834, le commerce et les lettres aidant, à trois
journaux de grand format (1), répondant à diverses opinions politiques, commerciales et littéraires.

Cet intervalle de vingt années nous offre une courte
période d'essais dramatiques dont l'histoire locale voudra
tenir compte. Car, tout modestes, et osant à peine abor-

_____

(1) *La Vigie, Le Journal de Dunkerque, La Feuille
d'Annonces.*

der un sujet un peu élevé, ces essais ont droit aux circonstances atténuantes d'une extrême difficulté d'exécution sur un théâtre de province, et d'une très médiocre chance de succès, à côté des œuvres choisies parmi les succès éclatants des théâtres de la capitale.

De 1825 à 1830 parurent à Dunkerque :
Les Présents du Dey d'Alger, comédie en un acte;
La Nuit Orageuse, comédie mêlée de chant, en un acte;
Mancinus, tragédie en cinq actes;
Le Barbier de Bagdad, opéra-comique en deux actes;
Un Quiproquo au Rosendal, vaudeville en un acte.

Les conseils d'une amitié impartiale empêchèrent que les *Présents du Dey d'Alger* ne courussent les périls de la rampe. Ils ne purent arrêter la publication de cet ouvrage, fort peu digne de son spirituel auteur (1).

La Nuit Orageuse dût un très légitime succès à la finesse du dialogue, à l'élégance des couplets, plus délicats même que ne l'exige tout à fait le genre. Cet ouvrage offrait aussi d'autres motifs attrayants pour le public. Un artiste qui préludait en province à la haute célébrité qu'il s'est faite dans le drame moderne, M. Bocage (2), y jouait

---

(1) *Les présents du Dey d'Alger*, comédie en un acte et en prose, par Victor Simon. Dunkerque, Vᵉ Weins, 1825, in-8º.

(2) Pierre Martinion Tousez, dit Bocage.

et y chantait dans le rôle du chanteur Molnari. Puis, un amateur compositeur d'un talent distingué, M. J. Crispin, dont nous allons parler tout à l'heure, avait écrit pour la *Nuit Orageuse* un fort joli duo, et un quintette d'une belle et large facture. Ces morceaux furent souvent répétés dans les concerts d'alors (1).

Nous ne mentionnerons que pour mémoire la tragédie de *Mancinus,* jouée le 12 Mars 1826. Elle n'arriva qu'à grand'peine à sa complète représentation ; non pas qu'on n'y entendît des vers que des poètes en renom eussent fort bien avoués, mais l'action y était vide, l'intérêt nul. Ce résultat avait été prévu, à la lecture que M. le chevalier Réant avait faite de son œuvre en comité d'amis. Peut-être avait-il aussi devancé, dans certaines excentricités prêtées à ses personnages, les hardiesses dont le drame romantique nous a depuis montré les derniers termes.

Le *Barbier de Bagdad* fit, à plusieurs reprises, chambrée complète. Empressons-nous d'ajouter que ce succès fut dû surtout à l'excellente musique dont M. J. Crispin avait brodé le canevas mis à sa disposition. Pour justifier cette opinion, la partition du *Barbier de Bagdad* repose à la bibliothèque communale de Dunkerque, à laquelle nous avons voulu (1843) confier ce souvenir de notre

---

(1) *La Nuit Orageuse,* comédie en un acte, mêlée de couplets, par Pierre Simon et Emile Ledo, représentée à Dunkerque, le 9 Mars 1826. Dunkerque, imprimerie de Vᵉ Weins, 1827, in-8º.

excellent collaborateur, enlevé trop tôt à l'art et à ses amis (1). Tous les amateurs et les artistes musiciens de

---

(1) M. Joseph Crispin, né à Dunkerque en 1786, était fils d'un professeur de musique, sorti des maîtrises de nos anciennes cathédrales. Il reçut une excellente éducation de ses parents dont il était l'unique enfant, grâce à un vieil oncle, ancien chanoine, qui l'affectionnait beaucoup et lui consacrait une partie de son revenu. Entré de bonne heure dans l'administration de la Marine, J. Crispin y parvint au grade de Sous-Commissaire à Gravelines, qu'il occupa jusqu'en Octobre 1833, époque de sa mort. Il avait fait de fortes études musicales, sous son père d'abord, et sous le célèbre Méhul dont il reçut des leçons en 1809 ; aussi, la musique l'occupait-elle exclusivement dans ses loisirs, et il a été le plus zélé de tous ceux qui ont contribué aux progrès de l'art et à la splendeur des fêtes musicales à Dunkerque de 1808 à 1825. Ses compositions pour le chant, le piano et l'orchestre, étaient souvent exécutées dans les concerts, et l'on en applaudissait volontiers la science et l'agrément. On a gravé de lui (1811) un recueil de six romances, dédiées à Madame Bonnemaison, nièce de Sébastien Erard. Deux symphonies, restées inédites, avaient obtenu l'approbation de Méhul qui en avait accepté la dédicace. Enfin, après les morceaux composés pour la *Nuit Orageuse*, J. Crispin se mit à une œuvre plus complète et écrivit la partition du *Barbier de Bagdad*. Le manuscrit de cet opéra fut obtenu de sa veuve, et conservé précieusement par le collaborateur de J. Crispin, autant à titre de souvenir d'un ami, qu'à titre d'œuvre d'un homme dont le talent faisait honneur à sa ville natale.

la ville s'étaient empressés de coopérer à l'exécution de cet opéra du crû. Le directeur du spectacle, M. Delorme, s'était prêté avec la meilleure obligeance à la mise en scène, et M. Fétis lui consacra un article dans sa *Revue Musicale*.

Un Quiproquo au Rosendal, joué le 13 Janvier 1830, eut de son côté un succès de rire que la lecture explique encore fort bien aujourd'hui (1). Nous avons également ici une perte regrettable à signaler ; l'un des jeunes auteurs de cette charmante production, M. Herrewyn, fut arraché à la tendresse de ses parents, peu de temps après le beau jour de son triomphe théâtral.

Le *Barbier de Bagdad*, dont nous allons plus longuement entretenir nos lecteurs, eut une origine et une destinée remplies de bizarrerie. Pour les expliquer il nous faut remonter à certaines circonstances dont Dunkerque n'a peut-être pas tout à fait perdu le souvenir.

Nous fûmes lié, pendant vingt ans, de la plus étroite amitié avec Victor Simon, ce charmant esprit, cet excellent caractère que tout Dunkerque a long-temps regretté, et par lui nous avions connu son père en 1813. C'était un aimable

---

(1) *Un Quiproquo au Rosendal* ou le *Commissaire-Priseur*, vaudeville en 1 acte, par MM. Gouchon et Herrewyn fils, de Dunkerque. — Dunkerque. Imp. de Drouillard, Février 1830, in-8°.

vieillard qui avait tenu sa place parmi les gens de lettres
de la fin du XVIIIe siècle. Victor Simon père était aussi
compositeur ; on lui doit la délicieuse mélodie : *Il pleut,
il pleut Bergère,* inspirée par des paroles de l'auteur du
Philinte. Nous possédons un précieux témoignage autographe de son intimité littéraire avec cette malheureuse
victime de nos troubles politiques. Simon père a composé
encore tantôt seul, tantôt à participation, avec les Foignet,
les Mengozzi et d'autres, beaucoup de petits opéras dont
le théâtre de la Montansier était alimenté à l'époque de
1790. Il fut aussi l'un des administrateurs du théâtre des
Variétés ; il l'était encore en 1807 avant son établisse-
ment sur le boulevard.

Or, soulevant un jour (1819) avec M. Simon père, qui
avait été en même temps écrivain et musicien, la ques-
tion du travail réciproque de l'auteur et du compositeur
dans une œuvre lyrique, nous tombâmes d'accord qu'une
œuvre de ce genre serait d'autant plus parfaite que les
deux auteurs seraient à la fois musiciens, grammairiens
et poètes. Nous exprimâmes de notre côté l'opinion qu'il
n'était pas nécessaire que le poète achevât, dès l'abord,
les parties destinées à être chantées, et qu'il pouvait se
borner à indiquer en termes généraux les situations à son
collaborateur, sauf à reprendre la partie poétique, pour la
perfectionner, après le travail du musicien, sur ses rithmes
et ses mélodies. On ne serait point ainsi exposé, disions-
nous, à entendre les paroles d'un second couplet de ro-
mance, boiteuses sur la mélodie inspirée par le premier
couplet. Elargissant cette donnée, nous prétendîmes que

l'on pourrait faire sur certains morceaux de musique de
meilleures paroles que celles sur lesquelles ils ont été
composés (1). Nous ajoutâmes que l'on pourrait écrire
également d'excellents poèmes sur certaines sonates de
Corelli, de Mozart ou d'autres maîtres. Ces idées, comme
on le pense, ne pouvaient recevoir de solution. Nous
conclûmes pourtant en disant à M. Simon que nous vou-
drions avoir un canevas de pièce à arranger en opéra,
qu'il y avait du nouveau à faire dans cette voie. C'est un
peu ce qui avait été compris par les parodistes du temps
de Gluck et de Piccini. C'est ce que M. Castilblaze a tenté
plus tard avec un immense succès. « Parbleu, nous dit
» M. Simon, refaites donc l'*Intrigue Epistolaire* de
» Fabre d'Eglantine, » son idée première avait été d'en
faire un opéra-comique ; « ou bien, » ajouta-t-il, en nous
indiquant un carton rempli de manuscrits de toutes sortes
d'écritures, « prenez là dedans, vous y trouverez votre
» affaire. » Tout joyeux de l'offre, nous emportâmes cinq
ou six livrets de pièces de théâtre, persuadé que nous
allions y découvrir des trésors. Le carton ne contenait
que des rebuts, des œuvres refusées, d'un temps
où les petites pièces, reçues aux petits théâtres, se fai-
saient avec un laisser-aller inouï. Un seul de ces manus-

---

(1) Deux airs de Boyëldieu : *Quel plaisir d'être en
voyage !* de *Jean de Paris*, et *Ah ! quel plaisir d'être
soldat !* de la *Dame Blanche*, ont été composés primitivement sur d'autres paroles.

crits nous parut mériter d'être utilisé ; il avait pour titre :
Le Barbier de Bagdad, comédie lyrique en trois actes.
Cette pièce en vers ne pouvait avoir été destinée qu'au
Grand Opéra, par le luxe et l'éclat qu'eût exigés sa mise
en scène (1).

Le manuscrit en notre possession est corrigé partout de la
main de M. Simon, qui a écrit à la suite du titre : « Par
» M. Palissot. Je l'ai mise en un acte et en prose, j'en ai
» fait aussi la musique. Je ne sais ce qu'est devenu le
» manuscrit. M. Palissot a approuvé tout ce que j'ai fait.»

Cette annotation nous fit recourir aux œuvres de Palissot,
l'auteur de la *Dunciade*, l'ennemi déclaré des philosophes.
On y trouve, en effet, un petit acte en prose, intitulé :
le *Barbier de Bagdad*, sujet extrêmement réduit de notre
manuscrit, mais sur les vers duquel la prose est très
évidemment calquée (2). Chose plus étrange encore, en un
sujet oriental, parmi les personnages figure un arlequin.

---

(1) Peut-être ce *Barbier de Bagdad* est-il celui dont
Champein a laissé une partition inédite ? Il n'est pas pro-
bable que ce soit celui composé en Allemagne, suivant la
Biographie des Musiciens, par le savant André d'Of-
fenbach.

(2) L'acte en prose qu'on lit dans les œuvres de Palissot
(1763) ne saurait, par la date que la *Biographie des
Contemporains* assigne à sa représentation (1755), être la
réduction faite par M. Simon, sur la pièce en 3 actes et en
vers de Palissot, dont nous avons le manuscrit.

Florian avait introduit la mode des arlequins au théâtre, et Palissot semble avoir tenu à ce personnage, qui lui aura été indiqué, sans doute, par la dame à l'intention de laquelle sa pièce fut écrite. Il n'y a point d'arlequin dans le manuscrit primitif en vers, mais au bas de la liste des personnages, une note autographe de Palissot est ainsi conçue : « Il faut substituer au nom d'Aladin, dans tout le » poème, le nom d'Arlequin. »

On conçoit qu'il ne pouvait nous venir sérieusement à l'idée de conserver un arlequin au milieu de personnages asiatiques. Nous nous occupâmes donc d'abord de rhabiller arlequin en Aladin ; mais nous vîmes bientôt que nous perdions notre temps à faire quoi que ce soit, pour la scène de nos jours, du *Barbier* de Palissot, qui, en réalité, n'offre aucune intrigue dramatique, et n'a pu être accepté, sur un théâtre de société, que comme une bluette amusante. Force nous fut d'abandonner la donnée trop simple de Palissot, dont nous ne conservâmes plus que le titre. Notre pièce, en effet, n'a plus aucun rapport avec celles en vers ou en prose de Palissot et de Simon père ; ce fut ensuite par une certaine analogie qu'avait le sujet nouveau avec celui d'un opéra-comique fort connu, que nous nous décidâmes à y adapter le sous-titre de *Fils du Calife*.

Quant au caractère de barbier, que l'histoire a mis en scène aussi souvent que le théâtre, nous voulûmes étudier les causes qui ont valu tant de célébrité à ce personnage, depuis :

Le *Barbier* du roi Midas;

Le *Barbier* de Nuremberg, Jean Folcz, le meister Sœnger;

Maître Olivier le Daim, ce *Barbier* de sinistre mémoire;

Le *Barbier* plus gai des *Mille et une Nuits;*

Le *Barbier de Séville;*

Le *Barbier* de la légende du 11e siècle, par Baour Lormian;

Le *Barbier de Paris*, roman de Paul De Kock (1).

Après beaucoup de lectures, nous conclûmes qu'il serait ambitieux à nous de faire de notre barbier un personnage historique, et qu'il y aurait danger à en faire un émule de *Figaro;* nous nous arrêtâmes à le calquer sur le Barbier des contes arabes : Vaniteux, intrigant, rusé, imposant par son jargon à de pauvres diables d'esclaves, et sachant toujours tirer pied ou aîle des gens qu'il impor-

---

(1) Sans compter bien d'autres Barbiers qui ont surgi depuis lors :

Le *Barbier de Paris*, mis en drame;

Le *Marquis de Queluz*, barbier du roi Don Miguel;

Le *Barbier du roi d'Arragon*, drame;

Les *Tribulations d'un Barbier*, ballet;

Le *Barbier de Lille*, journal.

Nous n'avons pas été à même de vérifier si une brochure, ayant le titre ci-après, avait trait au *Barbier de Bagdad* de Palissot, ou à celui des *Mille et une Nuits :* « Coup-d'Œil d'un Arabe sur la littérature, ou le *Barbier de Bagdad* faisant la barbe au *Barbier de Séville*, par P.-J.-B. Nougaret, 1786, in-8°. »

tune de son babil. Après cela, nous mîmes notre héros à l'affût de tous les mystères amoureux, dont, sur la foi des contes de Galland, nous avons la bonté de croire que l'Orient est coutumier. Nous le fîmes bourdonner autour d'une petite intrigue, façon *Calife de Bagdad,* que nous inventâmes pour servir de pivot à notre drame, et, selon la règle, en matière d'opéra comique, après quelques menus incidents, le Barbier arrivant à ses fins, les jeunes amants s'épousent, et la toile baisse sur le tableau de l'allégresse générale.

Notre poème achevé, — on appelait cela dans le temps un poème — nous y trouvâmes place pour un magnifique duo bouffe de Cimarosa, un trio de Berton, un chœur de Boyëldieu ; de grâce, pardonnez-nous ! un entr'acte des *Deux Journées* de Cherubini, plusieurs airs, duos et chœurs de Rossini, et nous nous reposâmes après ce rapièce-tage, aussi glorieux peut-être que Haydn après sa *Création.* Nous avons conservé cet opéra pastiche que nous n'eûmes jamais la pensée de faire exécuter. Ainsi s'enfouissent la plupart des travaux des hommes studieux de la province.

A quelques années de là, notre camarade Crispin, se sentant en veine de composition, nous demanda notre Barbier pour s'essayer à mettre des scènes théâtrales en musique. Nous y consentîmes volontiers, et même, sur ses indications, nous fîmes subir à notre enfant de doulou-reuses mutilations. Crispin se mit à l'œuvre, et nous trouvons dans un programme de 1824 que l'ouverture du *Fils du Calife* fut exécutée en cette année au concert des

2

amateurs. Les morceaux se succédèrent et le trio :
Charmantes fleurs, ainsi que l'air : *Esclaves à vos vœux*,
firent souvent partie des programmes de nos soirées
musicales.

L'œuvre était achevée, depuis plusieurs années, lorsque
nous rencontrâmes enfin un directeur de bonne volonté,
M. Delorme, qui nous offrit sa coopération pour produire
notre Barbier à la scène. Le *Fils du Calife* fut mis en
répétition, et nous nous donnâmes le soin d'enseigner
nous-mêmes la musique des rôles à chacun des acteurs.
Disons que ce fut une rude tâche, car les acteurs de province, les choristes surtout, sont rarement des élèves du
Conservatoire, et nous avons connu (1814) un premier ténor
fort agréable et fort en vogue, M. Henri Joly, qui ne sa-
vait pas les premiers éléments de la gamme.

Les paroles et la musique faites, le directeur et les acteurs trouvés, les auteurs n'avaient pas songé au plus important de l'affaire : A la *censure !* Ne fallait-il pas passer
à ce tribunal redoutable qui s'enquérait, surtout alors, si
les opéras comiques ne tendaient point à renverser la
monarchie. Nous protestons ici de rechef de l'innocence
de notre *Barbier de Bagdag* ; importun bavard, il fut
moins agressif pourtant que la *Muette de Portici* ; sa tur-
bulence de caractère, son esprit de ruse et d'intrigue ne
furent pour rien dans les évènements qui s'accomplirent
en 1830, à peu de mois de son apparition au théâtre. Mais
ce n'est pas une des moins curieuses singularités de sa
destinée que l'attache du célèbre ministre La Bourdon-

naye mise au manuscrit de notre Barbier. L'adversaire
acharné des opinions anarchiques donnant un sauf-conduit
au *Barbier de Bagdad,* est-il une meilleure preuve de la
parfaite orthodoxie de ses principes moraux et politiques?

Le jour de la représentation venu, le compositeur se
tint ferme au milieu de son orchestre, animant tout le
monde de son ardeur. Quant au poète, comme on disait,
tremblant, respirant à peine, à chaque mot prononcé sur
la scène, il se tenait coi derrière une coulisse. On ne se
fait pas d'idée des angoisses d'un pauvre auteur en pareil
cas, il faut y avoir passé ; c'est une heure de supplice
qu'il peut souhaiter à ses détracteurs. Mais aussi, comme
il respire à l'aise, comme il passe subitement de la torture
au ravissement, au bonheur suprême, quand les applau-
dissements se font entendre à son oreille ! Quelles sen-
sations tumultueuses viennent l'assaillir, quand, au milieu
des bravos et des appels d'une salle comble, il s'entend
nommer, du coin où il s'est réfugié ! Pour exprimer le
prix d'un pareil moment, il faut en revenir à ces temps
heureux du jeune âge où nous apportons à une mère
chérie les couronnes obtenues aux distributions de collége.

Complèterons-nous ce récit des aventures de notre
Barbier, en faisant connaître ce qui se passa à la suite
de la représentation? Oui, il est bon que les auteurs sa-
chent qu'ils ne doivent jamais compter sur un triomphe
sans mélange. Ce n'était pas calomnier les feuilletonistes
dunkerquois d'alors, que de croire qu'ils n'avaient point
l'expérience des journalistes parisiens, en contact de tous

les jours avec les auteurs eux-mêmes, et sachant saisir, à la première audition, les fils d'une œuvre théatrâle. Craignant quelque malentendu, et persuadé de la vérité du dicton qu'on ne fait pas mieux ses affaires que soi-même, l'auteur du *Barbier de Bagdad* écrivit, sous le pseudonyme de son ami Victor Simon, pour offrir au *Journal de Dunkerque* de se charger du feuilleton ana-lytique de la pièce, sujet et musique. Il eut la franchise d'ajouter qu'il examinerait l'œuvre avec impartialité et distribuerait consciencieusement la critique et l'éloge. Le journaliste, se posant fièrement en protecteur des lettres et des arts, prêta à l'auteur du Barbier lui-même l'in-tention de se faire le détracteur de son propre mérite, et prétendit ne laisser à personne le droit de dispenser l'éloge et l'indulgence à des talents qui n'avaient peut-être besoin que de bienveillance pour se faire un nom dont s'honorerait le pays. Il ne fallait prendre les choses ni de si haut ni de si bas. Confiant dans les sentiments paternels du *Journal de Dunkerque*, le Barbier attendit son arrêt avec trop de sécurité. Hélas! jamais pavé d'un ignorant ami ne lui tomba plus lourdement sur la tête. L'inexpérience du journaliste y était manifeste, ses appréciations littéraires et musicales dénuées de sens. Il regrettait de n'avoir pas trouvé dans le finale *un crescendo de vacarme*, comme en font les grands maîtres. Il parlait dans un sujet oriental de *M. Almanzor* et de *Madame Bouzouline;* il embrouillait l'intrigue à n'y rien déchiffrer. Bref, le critique martyrisait ses protégés de ses éloges incongrus, et jamais le mot du fabuliste ne reçut une plus juste appliciation.

Donc, pour nous résumer sur le *Barbier de Bagdad:* Il

a d'abord été écrit en vers et en'trois actes par Palissot, puis en un acte et en prose par M. Simon père. Son titre nous a ensuite servi, et nous en avons fait un opéra-comique en deux actes, arrangé primitivement en pastiche, et enfin mis en musique par notre compatriote Joseph Crispin. La partition du Barbier est conservée aujourd'hui à la Bibliothèque communale de Dunkerque, et nous en ressuscitons ici le livret, resté enfoui dans nos cartons pendant un quart de siècle. Pour combler les tribulations dont il fut assailli pendant sa longue odyssée, les lecteurs diront peut-être que le Barbier aurait bien fait de ne pas sortir de sa retraite. Nous n'avons pas l'intention d'interjeter appel de cette sentence.

Avions-nous tort de dire que le *Barbier de Bagdad* avait eu d'étranges destinées, et que ses pérégrinations lyriques et dramatiques n'étaient pas sans intérêt pour l'histoire littéraire et artistique du pays? Il en a surtout pour ceux qui ont souvenir du mouvement que causaient à Dunkerque ces essais aventurés des amis des lettres. L'accueil sympathique que recevaient dès lors ces essais bien faibles nous conduit à comprendre l'ardeur que manifeste la génération présente pour les travaux sérieux et l'étude des lettres, après les succès croissants qu'elle obtient dans le commerce et dans l'industrie. Ainsi s'explique pour nous le progrès intellectuel qui a amené Dunkerque à couvrir de son patronage une *Société Dunkerquoise* pour *l'encouragement des Sciences, des Lettres et des Arts,* institution dont les premiers pas sont marqués d'un caractère d'utilité tout à l'honneur de la cité qui l'encourage.

En finissant ce long avant-propos, où nous nous plaisons à témoigner de l'intérêt que ne cesse de nous inspirer la prospérité de notre ville natale, et le développement qu'y prend le goût des travaux de l'intelligence, laissez-nous vous demander, à vous qui réclamez notre concours littéraire, pourquoi, vous bornant au travail ingrat de la presse quotidienne, vous abandonnez la carrière, et laissez là des œuvres plus solides ? Est-il pardonnable que vous en restiez là, vous, qui avez débuté par un ouvrage, à plusieurs points de vue d'une valeur réelle; vous qui nous avez rétabli Jean Bart dans sa véritable gloire, d'où les ignorants et les envieux l'avaient, à moins d'un demi-siècle de sa mort, relégué dans un idéal grotesque et fantastique; vous à qui Dunkerque doit, en un mot, la réhabilitation historique de son héros (1) ?

Nous espérons, en vous montrant le chemin, en nous dévouant encore cette fois que nous vous aurons inspiré, à vous et à d'autres Dunkerquois, l'émulation qui vous conduira aisément à faire mieux que nous, pour vous-même et pour le pays.

CARLIER.

(1) *Histoire de Jean Bart et de sa famille*, par VANDEREST, 2e édition, Dunkerque 1844. in-12.

LE BARBIER DE BAGDAD

ou

LE FILS DU. CALIFE

OPÉRA-COMIQUE EN DEUX ACTES

Personnages.	Acteurs.
LE CALIFE ISAOUN, *père d'Almanzor.* MM.	DÉSORMES.
LE CADI, *père de Noraïme.*	AUG. MAIRE.
ALMANZOR, *nom supposé du prince.*	HYP. ROSSET.
MARABOU, *esclave confident d'Almanzor.*	ALF. DELPOUX.
NOURADIN, *barbier de Bagdad.*	J. BATISTE FILS
UN GEOLIER.	ERIC FONTAINE.
NORAIME, *fille du Cadi, amante d'Al-manzor.*	Mmes CH. DERLY.
ZULMÉ, *esclave de Noraïme.*	JULES LEJEY.
BOUZOULINE, *femme de Nouradin.*	ST-AMAND.

Esclaves des deux sexes, suite du Calife, prêtres, magistrats, soldats, peuple.

La scène est à Bagdad.

J'ai lu le *Fils du Calife de Bagdad,* opéra-comique en 2 actes; paroles de M. Carlier, musique de M. Crispin, et je reconnais que cet ouvrage est susceptible d'être joué avec succès sur ce théâtre, après en avoir obtenu l'autorisation du ministère.

Calais, ce 9 Septembre 1829.

Ph. FONTBONNE,
Directeur privilégié du théâtre de Calais.

Vu le 2 Octobre 1829.

Le ministre secrétaire d'Etat au département de l'Intérieur,

LA BOURDONNAYE.

ACTE PREMIER.

(Le théâtre représente une salle de la demeure d'Al-
manzor. L'ameublement en est riche et dans le goût
oriental, avec portières, divans, coussins et tapis.)

Scène première.

ALMANZOR, MARABOU.

(Ils entrent par le fond.)

MARABOU.

Oui, ne vous en déplaise, Seigneur Almanzor, je viens
encore de visiter mon cher Barbier. Quel homme universel!

ALMANZOR.

Je vois, mon pauvre Marabou, que tu t'es aussi laissé
ensorceler par cet original dont on parle tant dans les
rues de Bagdad.

MARABOU.

N'en dites pas de mal, Seigneur, vous pourriez vous en
repentir ; car il sait tout, il entend tout. Astrologue profond, il s'est acquis dans Bagdad un immense crédit. Ce
Barbier est aujourd'hui l'unique espoir de toutes nos
jeunes filles, la providence de toutes nos vieilles femmes,
et le Cadi, père de votre séduisante Noraïme, ne jure que
par lui.

ALMANZOR.

C'est un vieux fou !

MARABOU.

On assure même que le Calife, respectable auteur de vos jours, — (*il s'incline profondément*), — le Calife, dit-on, le fait venir en secret, chaque nuit, dans son palais. Ne doutez pas, Seigneur, qu'il ne le consulte sur votre destin, que vous lui laissez ignorer depuis plus d'une année. Dieu sait s'il n'est pas instruit déjà de la belle équipée que nous faisons ici !

ALMANZOR *(souriant)*.

Allons, allons, je te croyais plus de courage. Je révère fort tes conseils, Marabou; mais je sais que la faiblesse des vieillards est d'avoir foi aux astrologues, et ce n'est qu'à l'âge avancé de mon père, que je te promets d'être aussi crédule que lui. Jusques-là, tu permettras que tout le talent de ton Barbier ne me rende pas sa dupe. Je crains plus, pour être découvert ici, tes lamentations indiscrètes que les prédictions de cet extravagant.

MARABOU.

Quel blasphême ! Voilà comme vous êtes, vous autres jeunes gens, esprits forts. Les miracles de Mahomet ne vous touchent guère, et vous n'observez aucun de ses préceptes. Sans frémir, vous buvez fort souvent les vins les plus exquis.

ALMANZOR.

Ne me gronde pas. Si je promets d'imiter mon père en

vieillissant , c'est le moins que tu me passes de faire ainsi que lui, pendant mes jeunes années. (*Il chante:*) Chantons l'amour et le plaisir !

MARABOU *(secouant la tête)*.

Ah ! croyez-moi, pour prévenir- tout fâcheux contre-temps, consultez le Barbier de Bagdad. Vous ne sauriez mettre, en de meilleures mains, votre sort ni votre menton. Il va venir tantôt, pour m'expliquer un rêve qui me tourmente, je vous le présenterai ; vous n'en parlerez plus alors si légèrement.

DUO.

ALMANZOR.

Qu'ai-je besoin d'interroger le sort ?
Je suis aimé de Noraïme.
Et, si j'en crois le transport qui m'anime,
Elle fera le bonheur d'Almanzor.

MARABOU.

Ah ! vous ne connaissez guère
A qui vous auriez affaire ;
Car ce Barbier si fameux
N'est pas un barbier vulgaire,
Seigneur, il n'est pas de ceux,
De ceux qui ne savent faire
Que la barbe et les cheveux.
Il connaît l'astrologie,
Il prédit, en bien des cas,
Et le beau temps et la pluie

Mieux que tous les almanachs.
Il se mêle de magie,
En musique il fait fracas ;
Enfin, que ne sait-il pas ?

ALMANZOR.

Cher Marabou, je suis tranquille
Et ton Barbier m'est inutile :
Allons, finis de me prier.

MARABOU.

Non, croyez-moi, consultez le Barbier.

Ensemble.

ALMANZOR.

Qu'ai-je besoin d'interroger le sort ?
Je suis aimé de Noraïme ;
Et, si j'en crois le transport qui m'anime,
Elle fera le bonheur d'Almanzor.

MARABOU.

Que le Barbier vous dise votre sort
Il se mettra dans votre estime,
Vous apprendrez, par lui, si Noraïme
Fera bientôt le bonheur d'Almanzor.

MARABOU.

D'abord, sachez qu'il eut un père.

ALMANZOR.

Eh ! quoi, vraiment, il eut un père ?

MARABOU.

J'en suis sûr, et même une mère.

ALMANZOR.

Vieux sot !

MARABOU.

Qui firent douze enfants.
Comme eux, tous laids, roux et méchants,
Borgnes, manchots et brèche-dents,
Les yeux vairons, prenant la chèvre,
Bossus, boiteux, et bec de lièvre,
Bavards, ignorants, ennuyeux,
Bêtes, sournois, brutaux, quinteux ;
Aussi n'est-ce pas merveilleux
Qu'il soit bel homme, et si fameux ?

Ensemble.

ALMANZOR.

Qu'ai-je besoin d'interroger le sort ? etc.

MARABOU.

Que le Barbier vous dise votre sort, etc.

ALMANZOR.

Je suis dans une anxiété ! Zulmé ne revient pas me
dire comment a réussi ma dernière proposition à Noraïme.

MARABOU.

Seigneur, vous ne devez pas espérer qu'une jeune
personne si modeste consente jamais à de pareils projets.

-Elle vous a vu pour la première fois à la mosquée de Mossoul, où elle était en pèlerinage, et où vous vous trouviez, voyageant incognito, d'après les ordres de votre père.

ALMANZOR.

Oui, pour étudier par moi-même les besoins de mes peuples, ainsi qu'il le faisait.

MARABOU.

Et vous livrant, comme il le faisait, à toutes les folies de votre âge. Convenez que votre réputation, parmi la jeunesse de Mossoul, n'était pas de nature à intéresser Noraïme en votre faveur.

ALMANZOR.

Que sait-on? Les femmes ne détestent pas toujours les mauvais sujets. D'ailleurs, je me suis bien réformé pour lui faire approuver mon ardeur.

MARABOU.

C'était nécessité pour réussir. Noraïme, qui jouirait du sort le plus heureux près de tout autre que son vieil avare de père, si fantasque; Noraïme n'écouta point vos promesses d'amour. Sa résistance vous enflamma, et un hasard heureux vous offrit l'occasion précieuse de sauver ses jours de la poursuite d'un taureau furieux.

ALMANZOR.

L'heureux moment où je la vis, dans mes bras, sourire à son libérateur !

MARABOU.

Contrariété nouvelle ! Noraïme est rappelée par son père à Bagdad, vous y suivez ses traces, et vous vous logez en cette demeure, simple au dehors, mais d'un intérieur magnifique, où vous vivez ignoré, sous un nom supposé, uniquement occupé du bonheur d'être aimé pour vous-même ; plus heureux en cela que votre père, sans talisman ni prestige.

ALMANZOR *(qui a semblé sur les épines pendant tout ce discours)*.

J'entends, je crois, du bruit. Cours, va voir si Zulmé...

MARABOU *(à part)*.

Je me méfie de cette adroite suivante ; c'est elle qui, par ses menées, a troublé la raison de mon maître. *(Haut :)* La voici qui s'avance, seigneur. *(A part:)* Je suis colère quand je la vois, je lui en voudrai toute ma vie.

Scène II.

ALMANZOR, ZULMÉ, MARABOU.

ALMANZOR.

Zulmé, j'attendais ton retour. Viens que je te puisse parler de ma belle maîtresse. Mon cœur, à chaque instant, s'applaudit de son choix.

ZULMÉ.

Vous me l'avez dit plus de cent fois, seigneur.

ALMANZOR.

Tu ne sais pas encore combien je l'aime.

RONDO.

Ah ! dis-moi si jamais,
Sur un même visage,
Tu vis de plus d'attraits
Un plus rare assemblage?

Ah! dis-moi si jamais,
Un plus touchant langage,
Un plus joli corsage
Sous un minois plus frais
Des grâces du bel âge
Ont réuni les traits ?

Ah ! dis-moi si jamais,
Sur un même visage,
Tu vis de plus d'attraits
Un plus rare assemblage.

Mais, Zulmé, tu ne me dis pas le résultat de ton message. Que tu me fais languir, parle donc !

MARABOU.

Ce n'est pas que l'envie lui manque. C'est vous qui parlez sans cesse de votre amour.

ZULMÉ.

Seigneur Almanzor, j'ai transmis à ma maîtresse la

proposition que vous m'aviez chargée de lui faire. En rougissant, elle a souri.

ALMANZOR (vivement).

Oh ! bonheur !

ZULMÉ.

Puis, elle s'est armée de sévérité.

ALMANZOR (avec expression).

Oh ! douleur !

MARABOU (à part).

L'adroite friponne ! Comme elle sait vous retourner un amant !

ZULMÉ.

Elle a voulu me chasser de sa présence, quand je lui ai appris que vous vouliez l'arracher à l'indigne engagement qu'on lui destine, et l'enlever de chez son père.

ALMANZOR (douloureusement).

Que je suis malheureux !

MARABOU.

Patience donc, Seigneur, vous êtes trop prompt à vous alarmer.

ZULMÉ.

Je lui ai rappelé ce trait de votre courage qui lui sauva la vie, et j'ai vu expirer sa colère ; je l'ai vue se troubler.

ALMANZOR (vivement).

Achève, Zulmé.

3

ZULMÉ.

Je vous apporte, par ses ordres, un sélam, où vous
lirez vous-même...

(Un esclave remet un bouquet de fleurs à Almanzor).

TRIO.

ALMANZOR.

Charmantes fleurs, ô filles des beaux jours,
Vous séduisez par vos couleurs heureuses,
Vous enivrez d'odeurs voluptueuses,
Et vous prêtez encor votre secours
A nos ardeurs mystérieuses ;
Charmantes fleurs, ô filles des beaux jours,
Le sort vous destine aux amours.

Ensemble.

Charmantes fleurs, etc.

ZULMÉ.

Par cette rose sans couleur,
Je suis digne de vous, vous écrit votre amante.

ALMANZOR.

Zulmé, tu combles mon attente.

MARABOU.

Que dit cette autre fleur ?

ZULMÉ.

C'est une marguerite.

ALMANZOR.

Ah ! que mon cœur palpite !

ZULMÉ.

Je partage vos sentiments.

MARABOU.

Aveux naïfs !

ALMANZOR.

Aveux charmants !
Cet œillet rouge?

ZULMÉ.

Il veut vous dire
Que pour répondre à votre amour,

MARABOU.

Un citronnier?

ALMANZOR.

A peine je respire.

ZULMÉ.

A la dernière heure du jour,

MARABOU.

Deux ébéniers?

ZULMÉ.

Toutes deux déguisées
Nous allons fuir un séjour odieux.

ALMANZOR.

Ce bouquet de pensées?

ZULMÉ.

Et vers l'objet de toutes nos pensées,
Chercher un asyle en ces lieux.

Ensemble.

Et vers l'objet de toutes nos pensées
Chercher un asyle en ces lieux.

ZULMÉ.

Mais qu'à l'instant par le grand mage
Soient bénis les doux nœuds de votre mariage.

MARABOU.

Un myrthe, un lierre.

ALMANZOR.

Amour!

ZULMÉ.

Fidélité!

Ensemble.

ALMANZOR.

De quel bonheur, je me sens transporté!

ZULMÉ.

Gardez-lui bien, amour, fidélité.

MARABOU.

Gardera-t-il amour, fidélité?

Ensemble.

Charmantes fleurs, etc.

ALMANZOR.

Oh! chère Zulmé, que ne te dois-je pas? Cours vers Noraïme, reprendre un entretien si doux.

ZULMÉ.

Je vais, sur votre impatience, mesurer mon empressement.

MARABOU *(la reconduisant et avec ironie).*

Adieu, séduisante Zulmé.

ZULMÉ.

Adieu, aimable Marabou.

(Elle sort).

Scène III.

ALMANZOR, MARABOU.

MARABOU.

Tiens, aimable Marabou, est-ce que je plairais à cette petite Zulmé? Je ne m'en étais pas encore aperçu; ma foi, il y a du bon chez cette femme-là; je ne conçois pas comment il est des gens qui peuvent lui en vouloir.

ALMANZOR.

Noraïme va venir, quelle preuve d'amour! Le sort en
est jeté. Ce n'est point une fantaisie qui me guide, ceci
n'est point une suite de mon goût pour les aventures
bizarres ; les qualités de Noraïme ne m'ont inspiré qu'une
véritable ardeur. Jamais mon père ne la désapprouvera.
N'est-ce point ainsi que lui-même, en élevant jusqu'à lui
l'objet qui plaisait à son cœur, trouva près de sa Zétulbé
une image sur la terre de la félicité des cieux ? C'est, en
suivant les conseils de cette femme célèbre, qu'il sut
faire le bonheur des peuples soumis à son empire.
Noraïme est aussi belle que le fut Zétulbé; tout m'assure
qu'elle possède autant de raison et de sagesse...

(Il reste rêveur).

Scène IV.

ALMANZOR, NOURADIN, MARABOU.

*(Des esclaves d'Almanzor accompagnent Nouradin et
se le montrent avec admiration)*.

MARABOU.

Ah! que vous arrivez à propos, mon cher Barbier.
J'aime à vous voir, vous avez toute ma confiance. *(Bas)*
Tâchez de captiver celle de mon maître, votre fortune
serait faite.

NOURADIN *(faisant beaucoup de salamalecs à Almanzor)*.

Alli ! Alla ! Seigneur, vous me voyez prêt à mettre à

votre service tous les talents dont le prophète, Alli ! a daigné favoriser son plus indigne esclave, Alla ! Mais que vois-je ? Alli ! Alla ! Dans tous vos traits, Seigneur, que de félicités, que de calamités, je vois de tous côtés !

ALMANZOR *(préoccupé)*.

Que je suis enchanté ! Rien n'égale mon ivresse !

(Il sort et passe devant le Barbier sans y prendre garde).

Scène V.

NOURADIN, MARABOU.

NOURADIN.

Ouais !... C'est là tout le respect que votre maître, Marabou, porte au Barbier de Bagdad? Il ne sait donc pas que....

MARABOU.

Seigneur Barbier.

NOURADIN *(d'un ton irrité)*.

Quoi !... Il ne fait pas plus d'attention au Barbier de Bagdad qu'au premier venu des Barbiers.

MARABOU.

Daignez lui pardonner ; il est préoccupé d'affaires si importantes.

NOURADIN *(avec mépris)*.

Des affaires importantes !

MARABOU.

Excusez-moi, ai-je dit importantes ? *(A part)* J'en ai trop dit peut-être. *(Haut)* C'est un mystère, Seigneur.

NOURADIN *(hardiment)*.

Etre faible et crédule, vous osez penser qu'il soit quelque mystère pour le Barbier de Bagdad ?... Tremblez, sur le sort de votre maître, Marabou... Je ne lui prédis... rien de bon.

MARABOU *(le suppliant)*.

Sublime Barbier ! au nom de ce que vous avez de plus cher, de votre vénérable épouse.

NOURADIN *(à part)*.

Par où le vieux maraud veut-il me prendre ? Ma femme ! mais voilà des années que je n'en ai plus entendu parler.

MARABOU *(tremblant)*.

Au nom du saint prophète ! apaisez les destins du seigneur Almanzor. S'il a formé le dessein d'enlever la belle Noraïme, fille unique du Cadi de Bagdad, ce n'est qu'en tout bien, tout honneur. Et si elle doit se réfugier ce soir en ce palais, ce soir même verra la cérémonie de leur hymen.

NOURADIN *(étonné, à part)*.

Qu'entends-je ?...Voici qui peut me servir.

MARABOU.

Oui, certainement... Ce que je vous dis est la vérité. N'appelez point la vengeance céleste sur mon maître innocent.

NOURADIN (*d'un air important*).

' C'est une affaire fort délicate, Marabou. (*A part*). Il me prend envie de me venger du mépris de cet Almanzor, par une action qui me ferait le plus grand honneur dans Bagdad. Si j'instruisais le Cadi.... (*Haut*). Je ne crois pas, Marabou, pouvoir rien faire en faveur de votre maître; son étoile est bien pâlie.

MARABOU.

Son étoile? Oh Ciel!

NOURADIN.

Pourtant, apportez-moi, ici, quelques vêtements de votre maître, quelque papier écrit de sa main, je vous dévoilerai alors tout son avenir ; et vous rendrez une justice éclatante à mes talents cabalistiques. Allez.

(*Marabou sort*).

Scène VI.

NOURADIN (*seul*).

Bravo, bravo, Nouradin! L'heureuse découverte, et quel parti je vais en tirer! Que faisais-je après tout dans le métier de Barbier? La barbe à quelques misérables. Non, non, un tel sort ne pouvait me suffire. Par une inspiration de mon génie, je me suis jeté dans l'astrologie, prédisant, à tort et à travers, du malheur et du bonheur, du bonheur et du malheur, suivant les goûts, et ma réputation est devenue immense. Après avoir végété, depuis ma naissance, jeté, ballotté par le sort, dans vingt professions mercenaires, je me vois au moment, peut-être, de tenir les destinées de cet empire entre mes mains, puisque le vieux Calife lui-même veut bien être la dupe de mes jongleries. Vive les gens d'esprit et d'intrigue!... Ah! ma pauvre femme, ma pauvre Bouzouline, toi, qui ne manquais pas d'esprit d'intrigue, Dieu merci! que fais-tu à cette heure! Toi, que j'ai abandonnée d'une manière si perfide. Bah! qu'ai-je besoin de la regretter? Elle m'a fait assez enrager pendant les six mois que nous avons vécu ensemble. De la gaieté, de la philosophie, et ne pensons pas plus à elle, que sans doute elle ne songe à moi.

Scène VII.

NOURADIN, MARABOU, esclaves d'Almanzor.

Ils apportent un turban, un châle, une robe, un poignard, une feuille écrite. — La musique prend un air mystérieux. — Le barbier examine tout, il gesticule avec le poignard, et feint d'évoquer les esprits. — Les esclaves le regardent avec crainte.

NOURADIN.

RÉCITATIF.

Esclaves, à vos vœux, je veux bien condescendre.
Pour m'écouter, approchez-vous.
(*Les esclaves entourent Nouradin*).
Frémissez des malheurs que vous allez apprendre.
(*Ils s'éloignent effrayés*).

Almanzor, du prophète, a bravé le courroux,
Sur lui le ciel appesantit ses coups,
Et sa riante destinée
Est désormais aux tourments condamnée.
Loin du bonheur qu'espérait Almanzor,
Une prison l'attend, et peut-être la mort.

CHŒUR.

Une prison, et peut-être la mort !

NOURADIN (*à part*).

Dans leurs cerveaux craintifs j'ai porté l'épouvante,
Comme ils admirent mon savoir !
Prophétisons pour eux une plus douce attente,
Sur leurs esprits, j'assure mon pouvoir.

(*Haut*).

Mais, esclaves, pour vous, vous n'avez rien à craindre
Des crimes d'Almanzor, complices innocents,
Livrez-vous au plaisir, gardez de vous contraindre
Ecoutez mes joyeux accents.

RONDE, *avec refrain en chœur*.

Dans le grand livre du Destin
C'est un plaisir de savoir lire ;
Tout est écrit dans ce bouquin
Et comme un fou j'y trouve à rire.
Au chapitre orgueilleux
De nos beautés divines,
On trouve, tout joyeux,
Des roses, des épines.

En tournant le feuillet,
Quelle métamorphose !
Plus d'épines, en effet ;
Du rouge, et plus de rose.

CHŒUR.

Dans le grand livre du Destin, etc.

Tel Seigneur fait grand bruit,
Mène un grand train de vivre ;
Et demain, sans crédit,
Je le vois sur mon livre.
Cet autre est vif, mutin,
Ombrageux, intraitable ;
Et sa valeur, demain,
Ne brillera qu'à table.

CHŒUR.

Dans le grand livre du Destin, etc.

Mais, j'ai pris tant de soin
Jusqu'ici de m'instruire,
Que je n'ai plus besoin
De mon livre pour dire,
Quand un docteur savant
S'en va voir un malade :
N'allons pas plus avant,
Adieu le camarade.

CHŒUR.

Dans le grand livre du Destin

C'est un plaisir de savoir lire ;
Tout est écrit dans ce bouquin,
Et comme un fou j'y trouve à rire.

(Les esclaves dansent avec le Barbier, au refrain du dernier couplet. Il sort en gambadant, les laissant dans l'admiration. Ils sortent ensuite. La nuit commence à venir).

Scène VIII.

MARABOU, seul. (*Il est tout stupéfait.*)

Quel homme étonnant ! Il y a de la sorcellerie dans son fait assurément. Quelle gaieté, au moment même où il nous prédit les plus affreux malheurs ! Mon pauvre maître, que je vous plains ! Quel sort vous est réservé ! Non, non, hâtons-nous de quitter cette demeure, où, pour suivre une aventure plus singulière que sensée, vous vivez exposé aux plus grands dangers. Tandis que, retournant auprès de votre père, vous jouiriez, à l'abri de son trône, des plaisirs qui doivent être le partage d'un prince tel que vous.

(Il fait nuit).

Scène IX.

ALMANZOR, MARABOU.

ALMANZOR.

CAVATINE.

O nuit ! Sous ton noir diadème,

Cache les cieux, règne à ton tour.

Répands ton calme, et ta fraîcheur extrême,

Dans ces climats, brûlés des feux du jour. *(Fin)*.

Que je voie, ô bonheur suprême!

Ma Noraïme en ce séjour.

Aux yeux jaloux dérobe ce que j'aime,

Tu ne dois rien refuser à l'amour.

O nuit! Sous ton noir diadème, etc.

(Un esclave vient annoncer à Marabou que Noraïme est arrivée.)

MARABOU.

RÉCITATIF.

On amène, Seigneur, dans la salle prochaine

Deux femmes qui semblaient s'approcher de ces lieux,

Sous des habits obscurs, d'une marche incertaine;

A vos ordres soumis, vos esclaves nombreux,

De riches vêtements parent leur souveraine;

Noraïme, Seigneur, va paraître à vos yeux.

(Des esclaves des deux sexes remplissent le théâtre, qui s'éclaire de vives lumières. Des parfums brûlent dans des vases orientaux. Une musique douce se fait entendre).

Scène X.

LES PRÉCÉDENTS, BOUZOULINE *(vêtue magnifiquement et voilée; on l'amène sous un riche baldaquin).*

ALMANZOR *et le chœur alternativement.*

Ah! laissez-vous conduire,

Fille au riant sourire,
Doux trésor de beauté.
Soumis à votre empire,
Almanzor vous désire,
Ivre de volupté.

Epris pour son amante
D'une flamme constante,
Il s'impose la loi
D'attendre qu'amenée
A l'autel d'hyménée
Vous receviez sa foi.

Cependant il soupire,
Apaisez son martyre
En ce fortuné jour ;
A son brûlant délire,
Accordez un sourire,
Un sourire d'amour.

BOUZOULINE.

Vous le voulez, je cède au feu qui vous anime.

(Elle se dévoile).

ALMANZOR.

Ciel ! ce n'est point Noraïme !

LE CHŒUR.

Ce n'est point Noraïme !

Ensemble.

ALMANZOR.

Dieu ! quel étrange évènement !

A mes regards quel objet vient paraître ?
J'éprouve un horrible tourment;
De ma fureur je ne suis plus le maître.

BOUZOULINE.

Bannissez votre étonnement,
Ils m'ont forcée ici même à paraître ;
Seigneur, calmez votre tourment,
Et de mon sort je vous laisse le maître.

LE CHOEUR.

Dieux ! quel étrange évènement !
Dans ses regards quel trouble on voit paraître,
C'est ici le commencement
De ces malheurs prédits à notre maître.

ALMANZOR.

D'où viens-tu ?

BOUZOULINE.

Je ne sais.

ALMANZOR.

Dis, quel nom est le tien?

BOUZOULINE.

Il vous est inconnu, vous n'en aurez que faire.

ALMANZOR.

Mais, enfin que fais-tu?

BOUZOULINE.

Seigneur, je ne fais rien.

Ensemble.

ALMANZOR.

Je crains de découvrir un horrible mystère.

BOUZOULINE.

Dans tout ce que je dis il n'est point de mystère.

(On entend un bruit extraordinaire aux portes du palais. Elles sont enfoncées. Des esclaves tremblants viennent se réfugier dans la salle d'Almanzor. Des gens armés y pénètrent après eux, des magistrats ensuite, enfin le cadi furieux. Bouzouline et toutes les femmes se sont voilées au premier tumulte.)

Scène XI.

Les précédents, le CADI et sa suite.

LE CADI.

RÉCITATIF.

Deux cadis comme moi ne se verront jamais,
Je suis bon, oui trop bon, pour un pareil office;
Qu'on s'empare des gens qui sont en ce palais,
Des coupables ici, gardes, qu'on se saisisse.

LE CADI ET LE CHŒUR *alternativement.*

Quoi! dans Bagdad un étranger
Met le trouble dans les familles;
Il vient nous enlever nos filles,
La justice doit nous venger.

4

Les esclaves d'Almanzor.

Ciel ! qui pourra nous protéger
S'il voit que ce n'est pas sa fille ;
Dans ses yeux la colère brille,
Comment sortir de ce danger ?

BOUZOULINE.

Que vais-je devenir ?

LE CADI.

Chez moi qu'on la ramène.
Je vous mettrai, ma fille, à la raison,
Et vous forcerai bien de garder la maison.

ALMANZOR ET BOUZOULINE.

Je ne sais où j'en suis, et j'y perds la raison.

BOUZOULINE.

Faut-il aller à sa maison ?

ALMANZOR.

S'en ira-t-elle à sa maison ?

LES GARDES.

Allons, venez à sa maison.
(*On emmène Bouzouline avec sa compagne.*)

Scène XII.

LE CADI.

Quant à ce beau galant, en prison qu'on l'entraîne.

ALMANZOR.

Eh quoi! vraiment, moi j'irais en prison.
Oh ! le tour serait bon.
Le moment presse et pour sortir de peine
Je n'ai qu'à prononcer le nom
D'Il Boudocani, ma foi non!
Pour n'abuser pas sans raison
De l'autorité souveraine,
Voyons, comme on est en prison.

LES GARDES.

En prison, en prison.

Scène XIII.

LES PRÉCÉDENTS, NOURADIN (*arrivant triomphant*).

Eh bien ! m'en croirez-vous, vous l'avais-je prédit?

ALMANZOR.

Quel est cet infernal génie ?
Quoi ce Barbier l'avait prédit ?

LE CHOEUR.

Oui, le Barbier l'avait prédit.

CHOEUR FINAL.

LE BARBIER.

Voilà comme avec du génie,

Comme avec de l'esprit,
Je sais établir mon crédit;
        Je vous l'avais prédit.

ALMANZOR.

Avec quelle adresse infinie
Il sait établir son crédit,
        Oh ! le Barbier maudit !

LE CHŒUR DES ESCLAVES.

Oh ! quelle sagesse infinie !
        Quel homme et quel esprit !
        Il nous l'avait prédit.

ACTE DEUXIÈME.

(Le théâtre représente une place publique de Bagdad. A droite un kiosque éclairé intérieurement et élevé sur une terrasse, formant le mur de clôture des jardins du Cadi. Une porte de sortie des jardins donne sur le théâtre. Sur le premier plan, à droite, est une masure, demeure du Barbier. A gauche du théâtre est une prison. Il fait nuit).

Scène première.

NORAIME, ZULMÉ *(en costume d'esclaves).*

NORAIME.

Quelle fatalité nous poursuit ! Ma chère Zulmé, qu'allons-nous devenir ?

ZULMÉ.

Je l'ignore moi-même, ô ma jeune maîtresse. Je ne crois plus qu'il nous soit possible de rentrer chez le Cadi.

NORAIME.

Ne m'en parles jamais ; j'aurais trop de honte à revoir mon père.

ZULMÉ.

Il vous tenait dans un si rude esclavage, pour vous forcer à épouser ce vieil aga, si riche et si méprisable.

NORAIME.

Tu n'as pas besoin de me rappeler cette cruauté pour me faire persister dans la résolution d'obéir aux sentiments généreux d'Almanzor.

ZULMÉ.

Que faire pour parvenir jusqu'à lui? Echappées sous ces vêtements grossiers à la faveur des ombres du soir, pour rejoindre la demeure d'Almanzor, nous y avons vu régner un tumulte effroyable ; des gardes l'environnaient, bientôt lui-même en a été arraché, et conduit dans cette tour.

NORAIME.

Ah ! pour le retrouver je saurai tout braver. Les maux qu'il me faudra supporter ne seront pas au-dessus de mon courage.

AIR.

Si du malheur tu dois être victime,
Plus que .jamais je me lie à ton sort.
Oui, c'en est fait, on verra Noraïme
Par son amour mériter Almanzor.

J'y songe. et j'y trouve des charmes ;
Il n'est plus pour moi de repos,
Ce n'est point par de vaines larmes
Que je puis adoucir tes maux ;
Mais le destin où tu m'entraînes
Ne saurait alarmer mon cœur,
A partager toujours tes peines
Je saurai trouver le bonheur.

Si du malheur, tu dois être victime, etc.

ZULMÉ.

Nous ne sommes point en sûreté dans ces lieux. Si l'obscurité ne m'abuse point, voilà la porte des jardins de votre père, voilà les appartements que vous habitiez dans le kiosque sur la terrasse.

NORAIME.

Hélas! puis-je songer à quitter cette prison où gémit Almanzor ?

(Elle s'assied sur un banc de pierre à la porte de la prison).

ZULMÉ.

Je vous le répète, ma chère maîtresse, nous ne pouvons rester ici. Lorsque le Cadi sera rentré, après sa ronde de nuit dans les rues de Bagdad, il ordonnera des recherches à notre poursuite.

NORAIME.

Je suis accablée de lassitude.

(Elle se laisse aller la tête sur le bras de Zulmé).

ZULMÉ.

Il est vrai que, dans notre trouble, nous nous sommes égarées, que nous avons erré long-temps par la ville. Reprenez courage.

NORAIME *(se levant)*.

Zulmé, une idée me vient! Elle est hardie, mais je ne balance point, il s'agit de sauver mon amant.

ZULMÉ.

Quel rayon d'espoir vient nous luire ?

NORAIME.

Cet anneau que j'ai pris en me déguisant.

ZULMÉ.

C'est un anneau du Cadi.

NORAIME.

Qui lui sert à faire respecter ses ordres.

ZULMÉ.

Il n'est personne dans Bagdad qui ne tremble à sa vue.

NORAIME.

Inspiration du Ciel ! Sauvons Almanzor.

(Elle frappe fortement à la prison.)

ZULMÉ.

Pouvons-nous espérer qu'on remette un prisonnier à des femmes ?

NORAIME.

Je meurs d'inquiétude.... On ouvre enfin.

Scène II.

NORAIME, ZULMÉ, LE GEOLIER.

(Le Geolier ouvre les verroux avec fracas, et sort avec des gardes.)

LE GEOLIER (*brusquement*).

C'est vous qui venez troubler mon sommeil ?

NORAIME (*à part*).

Dieux ! Soutenez mon courage. (*Haut*) Seigneur geolier.

LE GEOLIER (*d'un ton brutal*).

Que voulez-vous ?

ZULMÉ (*hardiment*).

Allons, Seigneur geolier, vous n'êtes pas, j'en suis sûre, aussi méchant que vous en avez l'air. Est-il donc si difficile d'entrer chez vous?

LE GEOLIER.

Non, mais difficile d'en sortir.

(*On entend venir Marabou et Nouradin*).

NORAIME (*à part*).

Nous sommes perdues...On vient, tout va se découvrir.

LE GEOLIÈR (*impatient et d'une voix foudroyante*).
Eh bien !...

NORAIME (*tremblante*).

De par le Cadi, voyez et tremblez !

(*Elle lui présente la bague, le geôlier et les gardes s'inclinent respectueusement*).

ZULMÉ (*à Noraïme avec un geste d'intelligence*).

Ciel ! ne perdons pas de temps. (*Haut*). Obéissez, vils esclaves, suivez-nous.

Ils entrent tous dans la prison.)

Scène III.

Nouradin, Marabou (*arrivant par le fond*).

Marabou.

Non, seigneur Barbier, il est impossible qu'un simple mortel sache aussi bien lire dans l'avenir. Il faut que vous soyez un de ces êtres surnaturels, favorisés du prophète. Permettez que je vous admire.... (*Il s'incline*) et vous reconduise jusqu'à votre logis.

Nouradin.

Marabou, je suis content des respects que mes hautes connaissances m'attirent de vous ; je vous prédis qu'un jour.... vous.....

Marabou (*le remerciant*).

Ah ! ah !.... Vous avez trop de bontés.

Nouradin.

Ne parlons pas de cela, ça n'en vaut pas la peine. Vous avez eu soin, Marabou, de faire remarquer à tout le monde, comme j'avais admirablement prévu les évènements arrivés à votre maître.

Marabou.

Seigneur, nous en étions en extase. Mais puisque vous prédisez si bien tout à point nommé, daignez m'apprendre ce que va devenir mon maître. Je tremble d'y songer ;

une prison, avez-vous dit, serait la punition de ses fautes;
et cela est arrivé tout aussitôt, je ne sais comment.

NOURADIN.

Je le sais bien, moi.

MARABOU.

Je crains que la suite ne se réalise de même; *peut-être
la mort,* avez-vous ajouté; par pitié, apprenez-moi son sort.

NOURADIN.

Que voulez-vous que je vous dise? dites, Marabou. (*A
part*). Car je n'en sais rien moi-même. (*Haut*). Votre
maître est un bien mauvais sujet.

MARABOU.

J'avoue que pendant son séjour à Mossoul.

NOURADIN.

A Mossoul! c'est cela même.... C'est à Mossoul qu'il a ..

MARABOU.

Oui, c'est là qu'il s'est épris de la belle Noraïme.

NOURADIN.

Je le savais; c'est là qu'il a eu l'audace....

MARABOU.

Oui, qu'il eut le courage de lui sauver la vie. La reconnaissance de Noraïme....

NOURADIN.

La reconnaissance est une chose si naturelle ; Noraïme se laissa enflammer.

MARABOU.

Non, elle lui tint rigueur

NOURADIN.

C'est ce que je voulais dire ; elle se laissa enflammer, mais elle lui tint rigueur.

MARABOU *(dans l'admiration)*.

Il sait tout, ce grand homme ! j'avoue qu'alors mon maître éperdu suivit Noraïme à son retour à Bagdad, pour ne s'occuper que de sa passion, et sous un nom supposé, inconnu à tout le monde.....

NOURADIN *(effrontément)*.

Inconnu ! Marabou, vous doutez de mon savoir. Pensez-vous que j'ignore son nom, son rang, que j'ignore qu'il est le fils d'un père qui.... *(A part)* Ce serait malheureux s'il n'avait pas de père.

MARABOU *(ébahi)*.

Il sait que le jeune prince est le fils de son père !

NOURADIN *(à part)*.

Le jeune prince !

MARABOU.

Je suis certain, moi, que toutes nos tribulations ne sont

qu'une punition du prophète, pour les chagrins que nous causons à ce bon père, à ce respectable calife.

NOURADIN (*à part*).

Le calife ! Dieu ! quel trait de lumière ! Ecoutons jusqu'au bout cet imbécille.

MARABOU.

Vous avez bien raison..... songez-y, seigneur. Je vous jure, sur ma tête, que mon maître n'a point mérité la rigueur de son sort. Sa maîtresse consentait à se laisser enlever.

NOURADIN (*sévèrement*).

Marabou, si l'on ne punissait que ceux qui enlèvent les femmes malgré elles, la justice n'aurait rien à faire.

MARABOU.

Je me jette à vos genoux..... Faites quelque chose pour mon maître.

NOURADIN.

(*A part*). Débarrassons-nous de lui. (*Haut*). Je vais m'en occuper, Marabou, laissez-moi à mes méditations.... demain..... oui demain, vous en aurez de plus heureuses nouvelles.... Allez, allez.

(*Il pousse et éconduit, jusqu'au fond du théâtre, Marabou qui l'accable de saluts respectueux.*)

Scène IV.

NOURADIN *(revenant vers la rampe pendant la ritournelle de l'air)*.

Nouradin, victoire, victoire !
Enfin le bonheur te sourit :
Il fait naître de cette nuit
Pour toi le plus beau jour de gloire,
Nouradin, victoire, victoire !

(On allume un fanal sur le haut de la tour du Muezzim au fond du théâtre).

Voici minuit, c'est le moment,
Chez le calife il faut se rendre.
Quel sera son ravissement
Après tout ce qu'il doit apprendre !
« Empressez-vous, mon cher Barbier,
» Dira-t-il d'un ton familier,
» De m'annoncer la destinée
» Du fils objet de mon amour.
» Dois-je espérer de le revoir un jour,
» Ou bien à regretter sa vie infortunée,
» La mienne est-elle condamnée? »

(D'un ton solennel).

Isaoun al Raschid, père des vrais croyans ,
Ecoutez, par ma voix, la voix du saint prophète ;
Vous reverrez votre fils , j'y consens,
Mais ne me rompez pas davantage la tète.

Bon Dieu ! comme il va s'écrier :
Mon cher Barbier, mon cher Barbier,
    Quel talent singulier !
Et comment vous remercier ?

Nouradin, victoire, victoire, etc.

Comblé de toutes les faveurs,
Et de richesses et d'honneurs,
Pour le bon métier que j'exerce,
On va me citer dans la Perse.
Je ne vois que des grands seigneurs,
Ambassadeurs et sénateurs.
Et quand le calife me donne
Pour me fêter un grand repas,
J'y vais, ou bien je n'y vais pas.
Je ne reconnais plus personne.
Non, par ma foi, je ne sais pas,
Ma femme venant à paraître,
Si je voudrais la reconnaître ;
En vérité je ne sais pas.

Nouradin, victoire, victoire !

Enfin le bonheur te sourit ;
Il fait naître de cette nuit
Pour toi le plus beau jour de gloire.
Nouradin, victoire, victoire !

Vraiment ! cet Almanzor serait le fils du vieux calife,
ce prince qu'on cherche vainement depuis plus d'une année

qu'il a disparu ; et quand je suis appelé avec tant de mystère au palais de son père, c'est pour y être consulté sur son sort. Quelles heureuses circonstances pour moi ! Il ne faut pas les laisser échapper.(*Almanzor, Noraïme et Zulmé sortent de la prison*). O surprise ! que vois-je ? Almanzor ! Ecoutons et veillons. (*Il se retire au fond du théâtre.*)

Scène V.

ALMANZOR, NORAIME, ZULMÉ, NOURADIN.

QUATUOR NOCTURNE.

ZULMÉ.

Fuyons au plus tôt de ces lieux
Pour accomplir sa délivrance.

ALMANZOR.

Dites à qui je dois tant de reconnaissance ?

ZULMÉ.

Il n'est pas temps encor de parler en ces....

ALMANZOR.

Dieux !

C'est Zulmé !...

ZULMÉ.

Chut !

ALMANZOR.

Noraïme !

NORAIME.

Silence !

Ensemble.

ALMANZOR.

Moment d'amour, moment délicieux!
Je te revois, Noraïme que j'aime,
Bonheur suprême !
Moment délicieux !

NORAIME.

Moment d'amour, moment délicieux !
Je réussis à sauver ce que j'aime.
Bonheur suprême !
Moment délicieux !

ZULMÉ.

Vous vous direz assez ce qu'on dit quand on aime,
Il n'est pas temps encor de parler en ces lieux.

ALMANZOR.

Noraïme, puis-je me taire ?

NORAIME.

Vous apprendrez tout ce mystère.

ALMANZOR.

Vous m'arrachez à ces verroux.

NORAIME.

Craignons les regards des jaloux.
Sache pourtant que Noraïme
Désormais s'est fait une loi
Près de toi de mourir victime,
Ou de vivre heureuse avec toi.

ALMANZOR.

Tendre objet, chère Noraïme !
Qui pour toujours reçus ma foi,
Non, tu ne mourras point victime,
Tu vivras heureuse avec moi.

ZULMÉ.

Cesserez-vous vos imprudents discours,
J'aperçois quelqu'un qui s'avance ;
Vous parlerez assez de vos amours,
A présent, fuyons en silence.

(Ils vont pour s'éloigner, Nouradin les arrête.)

NOURADIN.

Alli, Alla ! vous n'irez pas plus loin,
Je vous connais, Almanzor, Noraïme,
Écoutez-moi, l'esprit divin m'anime.
Obéissez, il m'a laissé le soin
De vaincre enfin le sort qui vous opprime.
Entrez chez moi, croyez-en mes amis,
A Mahomet, je ferai ma prière ;
Et vous aurez bientôt un sort prospère,
C'est Nouradin, moi, qui vous le prédis.

ZULMÉ.

Il nous faut suivre son avis,
Nous n'avons rien de mieux à faire.

NOURADIN.

Entrez, entrez, je vous prédis
Bientôt le sort le plus prospère.

ALMANZOR.

Quoi ! vous écoutez les avis
De ce Barbier patibulaire.

NORAIME.

Non, mais prenons, en son logis,
Un asyle trop nécessaire.

Ensemble.

ALMANZOR, NORAIME, ZULMÉ.

Si nous entrons en ton logis
Garde-nous un profond mystère.

NOURADIN.

Entrez, entrez en mon logis,
Je vous garderai le mystère.

(*Ils entrent dans la masure du Barbier*).

Scène VI.

NOURADIN *seul.*

Bon, qu'ils restent là ; moi, je cours prévenir le calife ;

c'est-à-dire lui prédire qu'il verra bientôt son fils chéri....
(*Il entend le bruit des gardes du cadi*). Au diable les importuns !.... Quel nouveau contre-temps !...

Scène VII.

LE CADI (*avec ses gardes de nuit*).

NOURADIN (*Il est acculé à droite sur le devant de la scène*).

LE CADI.

Ouf ! je puis enfin revenir chez moi. Il faut convenir que les devoirs de ma charge sont bien pénibles et peu récompensés. Je suis trop bon aussi, on ne fait que se moquer de moi dans Bagdad. Personne n'a pour moi le respect que l'on doit au mérite; car il en faut pour faire un bon Cadi, veillant, comme je le fais moi-même, toutes les nuits, au repos de la ville. En vérité, je suis trop bon. Voyons, si l'on a rigoureusement enfermé ma fille. En vérité, je suis trop bon. (*En se retournant il rencontre le Barbier.*) Hein ! qui es-tu ? que fais-tu là ?

NOURADIN.

C'est moi, seigneur Cadi.

LE CADI.

C'est toi, Nouradin, je suis aise de te voir.

NOURADIN.

Vous êtes bien bon.

LE CADI.

C'est ce que je me dis sans cesse, je suis trop bon.
Ecoute, je veux entrer chez toi, pour consulter ton grand
livre sur ma fille.

NOURADIN (*s'opposant au Cadi*).

Cela n'est pas nécessaire, seigneur Cadi ; je suis ici tout
à même d'observer les astres. Voyez cette étoile qui file
là bas, c'est le signe.....

LE CADI.

Il fait noir comme dans un four. Du diable si je vois une
étoile.

NOURADIN.

C'est que.. . vous n'avez pas l'œil aussi perçant que moi.
Allez, allez, rentrez chez vous sans crainte (*il le pousse
vers la porte du jardin*), vous n'y trouverez pas la belle
Noraïme....

LE CADI.

Comment ! je ne la trouverai pas.....

NOURADIN.

Pas tout de suite disposée à suivre vos avis...

LE CADI.

A la bonne heure.

NOURADIN.

Mais je vous prédis qu'avant peu tous vos désirs seront
satisfaits.

LE CADI.

Tu m'enchantes, Barbier, et je veux te donner une marque de ma reconnaissance. (*Nouradin avance la main, le Cadi la lui prend avec effusion*). Tu peux compter là-dessus. Quoi ! Noraïme consentirait enfin à épouser le vieil aga qui m'a promis sa survivance.

NOURADIN.

Il s'agit bien d'un aga, vraiment.

LE CADI.

De quoi donc ? D'un émir.

NOURADIN.

La belle chose qu'un émir !

LE CADI.

Épouserait-elle un pacha ?

NOURADIN.

Bagatelle que tout cela.

LE CADI.

Bagatelle ! un pacha à trois.....

NOURADIN, (*impatienté*).

Rentrez, rentrez, vous dis-je. Tous vos souhaits seront remplis. (*Il pousse le Cadi dans la porte de ses jardins.*) Peste soit du vieux fou ! Alerte, maintenant, au palais du calife. (*Il sort en courant par le fond.*)

Scène VIII.

Almanzor, Noraime, Zulmé.

(Ils sortent de chez le Barbier.)

ALMANZOR *(très-animé)*.

Ne restons pas ici plus long-temps. Nous sommes trop près des lieux que nous devons craindre le plus. J'ai tremblé que le Cadi ne pénétrât dans cette retraite. Ce Barbier n'est qu'un misérable, un intrigant.

ZULMÉ.

Ne dites pas cela, seigneur, c'est un fort honnête homme. Il m'a prédit un jour que j'aurais un officier des gardes pour mari.

NORAIME.

Cher Almanzor, je suis prête à vous suivre ; mais où nous réfugier ?

ALMANZOR.

Je vais vous donner un asyle digne de vous. *(A part).* Je suis trop puni du vain plaisir de suivre des aventures bizarres. Que puis-je désirer encore ? Je suis aimé et sans avoir usé du prestige de la grandeur. Retournons rassurer la tendresse de mon père. Je crains de l'avoir trop offensé.

(On entend un grand bruit chez le Cadi).

ZULMÉ.

Dieu ! quel bruit chez le Cadi !

ALMANZOR.

Venez, Noraïme, nous allons nous rendre chez l'émir.

ZULMÉ *(étonnée)*.

Chez l'émir !

ALMANZOR.

Lui seul peut m'être utile en ce moment. Venez.

(Le bruit redouble dans le kiosque.)

NORAIME *(éplorée)*.

Et mon père !

ALMANZOR.

Vous reverrez votre père bientôt, Noraïme.

NORAIME.

Je m'abandonne à vous.

(Ils partent par le fond.)

Scène IX.

(Les esclaves et les gardes du Cadi sortent en tumulte par la porte du jardin.)

CHŒUR.

LE CADI *(furieux)*, BOUZOULINE *(parée comme au 1ᵉʳ acte)*.

Impertinente face,
Que veux-tu qu'on te fasse ?
Venir effrontément

Ici prendre la place
D'un jeune objet charmant ;
Un tel excès d'audace
Mérite un châtiment,
A l'instant qu'on la chasse
Impitoyablement.

BOUZOULINE.

Que ma surprise est extrême !
Hélas ! seigneur, c'est vous-même
Qui m'avez conduite ici.

LE CADI.

N'irrite pas ma colère,
Car d'une peine sévère
Je punirais tout ceci.

BOUZOULINE.

Calmez, seigneur, cette colère.

LE CHŒUR.

N'irritez pas sa colère.

LE CADI.

Oui, d'une peine sévère
Je punirais tout ceci.

LE CADI et le CHŒUR reprennent :

Impertinente face
Que veux-tu qu'on te fasse? etc.

BOUZOULINE.

Seigneur, calmez, de grâce,
Ce grand emportement ;
Car toute autre à ma place
En aurait fait autant.

LE CADI.

Ah ! ma fille, ma fille ! Dieu sait dans quelles mains elle est tombée ! Courons à sa recherche, mes amis. Parcourons tout Bagdad.

(*Ils sortent par le même chemin qu'Almanzor et Noraïme*)

Scène X.

BOUZOULINE (*seule*).

Je suis donc destinée, comme on me l'a toujours prédit, aux vicissitudes les plus singulières. Abandonnée dès mon enfance, je suis recueillie par une troupe de jongleurs. Elevée par eux, j'épouse un de leurs chefs les plus habiles, et suis bientôt abandonnée par ce traître d'époux. Tour-à-tour, je me vois abandonnée de tous les amis qui promettaient de me protéger et de me tenir lieu de mari. Enfin, après mille traverses, j'arrive ce soir même à Bagdad avec une compagne d'infortune. Nous sommes arrêtées, au premier détour de rue, par des esclaves officieux, qui nous accablent de respects et nous conduisent dans un riche palais, où je trouve un jeune amant, qui jure de m'être fidèle, mais qui bientôt m'abandonne, comme ont

fait tous les autres. Je suis emmenée alors chez le vieux
Cadi, qui me fait enfermer d'abord précieusement, comme
une jeune odalisque, et qui tout-à-coup me fait chasser
avec colère. Me voici donc encore une fois abandonnée à
moi-même. Comment tout cela finira-t-il ? Il me faut chercher un asyle; la nuit est obscure, et sous ces riches vêtements si la garde passait...(*On entend dans le lointain la
musique des gardes du calife*). Dieux ! qu'est-ce que cela ?
quel monde vient de ce côté ! où me cacher ? Hélas ! cette
porte est ouverte... entrons... C'est le plus court pour moi.

*(Elle entre dans la masure du Barbier. Le cortége
s'avance en grande pompe, éclairé par des flambeaux.
Le Barbier est à la tête. On porte le calife sur un riche
palanquin. Toutes les maisons s'éclairent, derrière les
jalousies).*

Scène XI.

LE CALIFE, NOURADIN.

LE CALIFE *(appuyé sur deux esclaves)*.

Mon cher Barbier, tu me rends la vie. C'est par toi
que je vais donc retrouver mon fils ! Voilà plus d'une année
que je n'en ai aucune nouvelle, l'ingrat !

NOURADIN.

Puissant Calife, père des croyants, croyez qu'il a fallu
tous les efforts de ma science pour arriver à cet heureux
rapprochement. Mais, généreux Calife, je vous ai averti que

vous aviez-bien des fautes à pardonner ; une fuite, un en-
lèvement et..... tout ce qui s'en suit.

LE CALIFE.

Nouradin, il faudra toujours que je gronde un peu ; un
père doit conserver sa dignité.

NOURADIN *(jouant l'inspiré)*.

Alors, je ne réponds plus de rien. Vous allez peut-être
de nouveau perdre votre fils. *(A part, en allant ouvrir la
porte de sa maison)*. Va-t-il être étonné !

LE CALIFE.

Au surplus, que je le voye.... ce cher enfant.

NOURADIN *(surpris de ne trouver qu'une femme chez lui)*.

Je l'avais bien prédit ; votre excès de rigueur a irrité le
prophète.

Scène XII.

LES PRÉCÉDENTS, BOUZOULINE.

BOUZOULINE.

Ciel !.... mon mari, Nouradin !

NOURADIN.

Bouzouline !

BOUZOULINE.

Ta femme !

NOURADIN.

Le diable !.... Je n'avais pas prédit celui-là.

BOUZOULINE.

Tu feins de ne me pas connaître.... Barbare !

LE CALIFE.

Qu'est-ce donc qu'ils se disent là ?..... Et mon fils, Nouradin ?

NOURADIN.

Seigneur..... je ne sais..... *(A part)*. Je suis dans un embarras...

LE CALIFE.

Par Mahomet ! je crois, coquin, que tu te joues de ma crédulité.... As-tu prédit que je vais te faire empaler ?

NOURADIN.

(A part). Ça finira mal. *(Haut)* Puissant Calife, vous me soupçonnez ?....

LE CALIFE.

Oui, je le vois maintenant, tu n'es qu'un imposteur, qui mérite le supplice.

BOUZOULINE *(à Nouradin)*.

Pour la froideur avec laquelle tu me reçois, je devrais te laisser empaler.

NOURADIN.

La bonne petite femme !

BOUZOULINE.

Je voudrais voir.... la figure que tu ferais. *(Au Calife)* Seigneur Calife, ayez pitié des pleurs d'une épouse..... malheureuse.....

LE CALIFE.

Je n'écoute rien..... qu'on l'empale à l'instant.

(Les gardes veulent saisir Nouradin).

NOURADIN.

(A part). Cela presse. Allons, l'essentiel est de gagner du temps. *(Haut avec emphase).* Puissant Calife Isaoun, père des vrais croyants, croyez à tout ce que je vous ai dit et prédit. Et vous tous, peuple, soldats, magistrats, eunuques et cœtera, écoutez-moi : Le glorieux Calife Isaoun, père des vrais croyants, retrouvera son fils bien aimé et toute la cité de Bagdad sera dans le ravissement. *(A part)* Pourquoi pas, j'ai bien retrouvé ma femme, moi, que je ne cherchais pas.

Scène XIII.

LES PRÉCÉDENTS, LE CADI ET SES GARDES.

LE CADI.

Justice, justice, puissant calife, justice.

LE CALIFE.

Qu'y a-t-il à cette heure-ci pour rendre la justice ?

LE CADI.

' Je la demande contre un infâme ravisseur qui s'est permis de m'enlever.....

LE CALIFE.

De vous enlever !..... vous?

LE CADI.

Non, non, ma fille, la belle Noraïme.

LE CALIFE.

Noraïme.... la belle !... raison pour excuser le coupable. Je suis fort indulgent pour ces fautes-là, Cadi. *(A part).* Je me souviens de ma jeunesse.

LE CADI.

Souverain Calife, on amène les coupables à vos pieds.

Scène XIV et dernière.

LES PRÉCÉDENTS, ALMANZOR, NORAIME, ZULMÉ *(amenés par des gardes).*

ALMANZOR *(se jetant aux genoux du Calife).*

Punissez-moi, mais ne rendez pas victime de votre rigueur celle que j'ai entraînée à me suivre.

NORAIME *(implorant aussi le Calife à genoux).*

Ne me séparez pas de mon époux; la mort me serait préférable.

ALMANZOR.

Cette destinée serait notre partage. Elle vous rendrait à jamais le plus malheureux père.

NORAIME (*étonnée*).

Son fils !

LE CALIFE.

C'est toi, mon fils ! viens dans mes bras, j'ai trop de bonheur à te revoir pour songer à te chagriner.

ALMANZOR ET NORAIME.

Bonheur inespéré !

LE CALIFE.

Quant à ta Noraïme, aime-la, s'il est possible, comme j'adorais ma Zétulbé. Comme je fredonnais nuit et jour auprès d'elle : Ma Zétulbé, viens régner.... (*Il tousse.*)

NOURADIN.

Ce n'est rien, c'est une quinte.

LE CALIFE.

Cadi, vous pardonnerez à ces jeunes gens, je vous crée trésorier de ma maison.

LE CADI.

Généreux Calife ! je leur pardonne. (*A part*). Je suis trop bon, en vérité.

LE CALIFE.

Toi, Nouradin, je te nomme barbier ordinaire de la cour.

NOURADIN.

Ordinaire ! seulement.

LE CALIFE.

Extraordinaire, si tu veux.

NOURADIN (*avec emphase*).

Barbier extraordinaire de la cour !

CHOEUR GÉNÉRAL.

Honneur, honneur au grand génie !
Honneur au Barbier de Bagdad !
Sa sagesse infinie
Rend heureux tout l'Etat.
Honneur au Barbier de Bagdad !

FIN

Dunkerque. — Typ. de VANDEREST.

www.ingramcontent.com/pod-product-compliance
Lightning Source LLC
LaVergne TN
LVHW020950090426
835512LV00009B/1812